Laura Langston y Lindsey Gardiner

abuelita, ¿te acuerdas?

BEASCOA

Mi abuelita vive ahora con nosotros porque ha perdido la memoria.

Es muy especial: lleva zapatillas de deporte con cordones amarillos y se ríe muy alto.

Una vez vivió en un barco y tuvo una galería de arte junto al mar. Por aquel entonces, tocaba el piano y hacía una tarta de manzana riquísima que ella llamaba «la tarta de manzana de Ana».

Ahora,
se sienta
en su mecedora
y se balancea deprisa,
más deprisa,
muy deprisa.

Papá dice que un día la memoria
de la abuelita se irá para siempre.

Se olvidará de todo,
incluso de nuestros nombres.
Pero está equivocado.

La abuelita todavía
me lee cuentos,

sólo tengo que ayudarla
con algunas palabras.

Seguimos saliendo a pasear
y la abuelita aún le habla a los pájaros.

Nos da la **risita** tonta, nos **reímos** y **cantamos** las canciones que ella me enseñó.

Cuando la abuelita está cansada y se CONFUNDE, le digo que es hora de una pequeña siesta y me quedo con ella mientras descansa.

A veces, la abuela se asusta cuando su gata le salta al regazo.

«¿Y quién **ErES** tú?», pregunta.

«Es la Princesa Pepa –le contesto–. Te quiere mucho».

Le doy de comer a la gata y le cepillo el pelo para deshacerle los enredos.

Ella mantiene caliente
a la abuelita.

Después del colegio, toco el piano. Algunas veces, mi abuelita asiente con la cabeza y no dice nada; pero otras me felicita por lo bien que lo he hecho.

«Excelente, Marga, –me dice–. Chopin estaría orgulloso de ti».

Le doy un abrazo muy fuerte. Estaba tocando Bach pero la abuelita no lo recuerda.

La abuelita todavía planta guisantes de olor en primavera.

«Son las únicas flores que merece la pena plantar –me dice–, porque huelen maravillosamente».

Las flores crecen altas y bonitas. Le corto un gran ramo y se lo llevo a casa. Lo pongo bajo su nariz. «HuelE», le digo.

«¡ENcantador! –responde– Las rosas son mis prEferidas».

Y se balancea en su mecedora deprisa,
más deprisa,
muy deprisa.

La gata salta
de su regazo.

«No importa –me susurra mamá al verme fruncir el ceño–. De todas maneras, le gustan».

En otoño, la abuelita
me ayuda a recoger
manzanas para
hacer su tarta.

«ME gustan estas peras
–dice–. Las pondré en mi bolso
para hacer conservas».

A mi me da la **risita** tonta.
«Son manzanas, abuelita.
Son para nuestra tarta,
¿te acuerdas?»

«No», me contesta frunciendo el ceño.

«No importa –le digo–. Yo lo recordaré por ti».

Papá está haciendo
la tarta de manzana de Ana, su preferida,
y la abuelita le está ayudando.
«Pélala de esta manera».
Ella me enseña cómo quitar
la piel de la manzana y
cuando voy a quitarle una magulladura,
la abuelita me detiene.

«La magulladura es lo mejor –me dice–.
Toda la dulzura de la manzana está
en esas manchas marrones y suaves».
Papá se ríe pero la abuelita insiste.
«Lo recuerdo –nos dice–.
Una vez me lo dijo un frutero».

Conservamos las magulladuras
para nuestra tarta de manzana,
porque la abuelita recuerda.

A la abuelita le gusta sacar de paseo
a Princesa Pepa. A veces, yo voy con ellas.
Y la abuelita recuerda
muchas cosas:
los trenes de vapor,
los carros de la leche
y el racionamiento
de la comida en la guerra.

Pero no puede recordar el camino a casa.
Ayer se fue a casa de unos vecinos por **equivocación.**

La memoria de la abuelita cada vez es peor.

Un día, al volver de la escuela, la abuelita estaba en su mecedora, balanceándose **deprisa, más deprisa, muy deprisa.**

Cuando estuve cerca de ella me sonrió.

«¿Y quién eres tú, querida?»

Al principio creí que bromeaba. Pero cuando vi la expresión de su cara supe que no.

La cabeza me estallaba; mis ojos se llenaron de lágrimas:

la abuelita
no
me recordaba.
Me fui a mi habitación
sin darle un abrazo.

«El cerebro de la abuelita no **funciona** bien
–me dijo mamá mientras me acariciaba la espalda–,
pero te sigue queriendo,
aunque no recuerde tu nombre».

Ahora dejo que sea mamá quien vaya de paseo con la abuelita
y toco el piano cuando ella no está cerca.

Algunas veces querría enroscarme
en el regazo de la abuela
como Princesa Pepa.
Y otras veces, desearía
que la abuelita no viviera
con nosotros.

La abuelita se ha ido fuera **por una semana**.
«Necesitábamos un descanso», dijo papá.
Princesa Pepa se ha quedado con nosotros. **Gruñe**, **maúlla** y no encuentra sitio donde estar a gusto.
Por primera vez, han venido a casa tres de mis amigos y podemos hacer **ruido**.

Mamá ha hecho **patatas fritas** y **pizza**, la comida que menos le gusta a la abuelita.

Pero no hay nadie
en la mecedora
balanceándose
deprisa,
más deprisa,
muy deprisa.

La abuelita regresó una tarde soleada.
Se sentó en su mecedora y le dio unos golpecitos cariñosos en la cabeza a Princesa Pepa.

La miré y me pregunté:

«¿Me conocerá?»

Me atrajo muy fuerte hacia ella,
«Hola, cariño», me dijo
«¿Sabes quién soy?», le pregunté.
Los ojos de la abuelita parecían confusos.
Pero, al final, se rió.
«Tu eres mi dulzura. Aquella que
me trae flores y toca el piano.
Tú eres mi niña, la de las mejillas de manzana».

Al principio,
no entendí nada.

Pero después,
sonreí.

Soy para ella
como las dulces magulladuras
de su tarta de manzana,
su comida preferida.

Me hice un sitio
junto a Princesa Pepa
en el regazo de la abuela.

«Soy Marga
abuelita»,

le dije.

«Yo soy tu memoria».

La tarta de manzana de Ana

10 manzanas Granny Smith
180 g de azúcar blanco
60 g de harina
5 ml de nuez moscada en polvo
15 ml de canela en polvo
un pellizco de clavo en polvo
un pellizco de sal
30 g de mantequilla
Masa de pastel
ya preparada
1 huevo batido con
1 cucharada grande de agua